Matthias Braun/Alexander Franc Storz
Typenkompass
Lamborghini
Sportwagen nach 1964

D1732248

Matthias Braun
Alexander Franc Storz

Lamborghini

Sportwagen nach 1964

Motorbuch Verlag

Einbandgestaltung: Dos Luis Santos

Bildnachweis:
Die Bilder stammen aus folgenden Quellen: Archiv der Autoren,
Archiv Automobili Lamborghini Holding SpA, Archiv Reinhard Rehnen.

Eine Haftung des Autors oder des Verlages und seiner Beauftragten
für Personen-, Sach- und Vermögensschäden ist ausgeschlossen.

ISBN 3-613-02645-7
ISBN 978-3-613-02645-2

1. Auflage 2006

Sie finden uns im Internet unter
www.motorbuch-verlag.de

Lektorat: Joachim Kuch
Innengestaltung: Bernd Peter
Reproduktionen: digi Bild reinhardt, 73037 Göppingen
Druck und Bindung: Henkel GmbH, 70435 Stuttgart
Printed in Germany

Inhalt

Die Geschichte von Lamborghini

Das Leben Ferruccio Lamborghinis stand unter dem Zeichen des Stiers. Geboren am 28. April 1916 war der Stier sein Sternzeichen, zierte sein Firmenlogo, und fast alle seine automobilen Schöpfungen waren nach Stieren benannt. Der Siegeszug des Automobils über das Pferd bestimmte die Jugend des Bauernsohn aus Renazza. Alles Mechanische zog ihn magisch an, und die Eltern ermöglichten ihm, die Technikerschule in Bologna zu besuchen. Auf der Insel Rhodos verschaffte sich der junge Ingenieur den Ruf eines genialen Mechanikers. Während des Krieges war er dort für die Instandhaltung des Kompanie-Fuhrparks zuständig. 1946 kehrte er in die heimatliche Po-Ebene zurück. Aus Ersatzteilen und Schrott baute der 30jährige für den elterlichen Hof seinen ersten Traktor. Dieses Geschäft blühte, und 1952 begann die industrielle Traktorenfertigung mit selbst konstruierten Motoren. Die *Lamborghini Trattrice* avancierte zum größten Trekkerhersteller Italiens und machte ihren

Eigentümer zum reichen Mann. Bald gehörte Ferruccio Lamborghini zu den angesehensten Industriellen Italiens und wurde mit dem Ehrentitel Commendatore bedacht.

Schnelle Autos hatten Ferruccio Lamborghini immer begeistert, und mit einem frisierten Fiat Topolino beteiligte er sich an der Mille Miglia 1948. Durch seinen Wohlstand konnte sich der arrivierte Geschäftsmann im Laufe der Zeit mehrere exotische Sportwagen leisten, aber keiner war ihm gut genug. Einmal soll er sich so sehr über seinen Ferrari geärgert haben, dass er ins benachbarte Maranello fuhr und sich bei Enzo Ferrari persönlich beschweren wollte. Er wurde nicht vorgelassen. Wutschnaubend soll der Geschäftsmann darauf beschlossen haben, selbst den ultimativen Sportwagen zu bauen. So lautet die Legende, von Ferruccio Lamborghini selbst gerne kolportiert. Pragmatischer ist die Einschätzung, dass er Geld und Prestige in diesem Industriezweig witterte und Absatzchancen vermutete.

Das frühe Lamborghini-Werk in Sant'Agata Bolognese

Countach Quattrovalvole (1985 bis 1988)

Im März 1985 erschien der abermals überarbeitete Countach, nunmehr mit Vierventilzylinderköpfen (»Quattrovalvole«). Mit seinen zwölf Töpfen kam der Countach QV also auf insgesamt 48 Ventile. Bei gleichbleibendem Ventilhub konnten sie mehr Gas in die Brennräume fördern respektive entweichen lassen. Dem QV wurde etwas mehr Hubraum einge-

Modell	Countach Quattrovalvole
Baujahr	1985 bis 1988
Stückzahl	610
Motor	60-Grad-V12-Mittelmotor mit Alublock
Bohrung/Kolbenhub	85,5/75 mm
Verdichtung	9,5:1
Hubraum	5167 cm^3
Leistung	455 PS bei 7000 min^{-1}
Getriebe	5-Gang
Bauweise	Kastenrahmen mit halbselbsttragender Karosserie
Radaufhängung	Einzelradaufhängung und Schraubenfedern rundum
Bremsen	Innenbelüftete Scheiben rundum
Reifen	Pirelli P7F, vorne 225-50 VR15, hinten 345-35 VR15
Radstand	2500 mm
Spurweite v/h	1536/1606 mm
Leergewicht	1490 kg
Höchstgeschw.	297 km/h

schenkt (5167 cm^3), und dank gestiegener Verdichtung brachte er es auf satte 455 PS. Speziell für den US-amerikanischen Markt erschien 1986 der 420 PS starke 5000 S Quattrovalvole mit energieabsorbierenden Stoßfängern und einer Bosch-Einspritzanlage – Features, die nötig waren, um den Sicherheits- und Umweltschutzbedingungen des dortigen Marktes zu genügen und überhaupt zulassungsfähige Autos in den USA zu verkaufen.

Oben: Lamborghini Countach Quattrovalvole

Rechts: Lamborghini Countach LP 500 S

Modell	Countach Anniversario
Baujahr	1988 bis 1990
Stückzahl	657
Motor	60-Grad-V12-Mittelmotor mit Alublock
Bohrung/Kolbenhub	85,5/75 mm
Verdichtung	9,5:1
Hubraum	5167 cm³
Leistung	455 PS bei 7000 min⁻¹
Getriebe	5-Gang
Bauweise	Kastenrahmen mit halb-selbsttragender Karosserie Einzelradaufhängung und Schraubenfedern rundum
Radaufhängung	Innenbelüftete Scheiben rundum
Bremsen	Pirelli P7F, vorne 225-50
Reifen	VR15, hinten 345-35 VR15
Radstand	2500 mm
Spurweite v/h	1536/1606 mm
Leergewicht	1490 kg
Höchstgeschw.	295 km/h

Countach Anniversario
(1988 bis 1990)

Ein Anlass und eine Ursache führten zum Countach Anniversario. Anlass war das 25jährige Jubiläum der Sportwagenproduktion. Die Ursache liegt im Angebot des Marktes begründet. Konnte Lamborghini mit dem Countach QV – er war das zu seiner Zeit schnellste Serienautomobil der Welt – den Hauptkonkurrenten Ferrari Testarossa noch weit hinter sich lassen, so rüstete die Konkurrenz in Maranello und

Stuttgart-Zuffenhausen auf: Die Ferrari 288 GTO und Testarossa sowie der Porsche 959 entwickelten sich zu ernsthaften Gegnern um den Spitzenplatz im Olymp des Sportwagenbaus. Tatsächlich musste sich der Countach dem Ferrari 288 GTO geschlagen geben: Ein 400-PS-Biturbo-V8 beschleunigte ihn in 4,9 Sekunden auf Tempo 100, erst bei 303 km/h war Schluss. Damit war der Ferrari der erste Serienwagen weltweit, der die magische 300er-Grenze überschritt. Der Countach Anniversario war durch seinen speziellen Frontspoiler, die auffälligen Seitenschweller und die veränderten Hutzen im Heckbereich gekennzeichnet. Er spurtete in fünf Sekunden auf

Tempo 100, der Vortrieb hörte erst bei 295 km/h auf. Mit 657 Exemplaren war er der meist gebaute Vertreter der Familie. Am 4. Juli 1990 verließ der letzte Countach, ein silberner Anniversario, die Werkshallen. Die Modellreihe lief in all ihren Varianten 15 Produktionsjahre mit ständigen Detailverbesserungen vom Band, und das Faszinosum Countach hielt an: Bis zuletzt war der Wagen längst nicht out of date, und die Nachfrage blieb bestehen. Insgesamt waren von allen Countach-Typen 1997 Exemplare gebaut worden.

Lamborghini Countach Anniversario

Countach 5,4 Liter Koenig Specials (1983/1989)

Die Kreationen von Koenig Specials erregten die Gemüter und spalteten die Fachwelt. Das Münchner Unternehmen hatte seine Hoch-Zeit in den späten 80er und frühen 90er Jahren und betrieb Motor-, Fahrwerk- und Karosserietuning. Die Koenig Specials-Fahrzeuge waren extrem getunt, jedes für sich ein Showcar, wild verspoilert, tief und breit. Die Firma des ex-Rennfahrers und Verlegers Willy König versah ihre Umbauten gerne mit bereits in den Türen beginnenden seitlichen Lufteinlässen, einem Charakteristikum des damals äußerst populären Ferrari Testarossa. Für viele waren die Koenig Specials das Nonplusultra im Sportwagenbau, ebenso viele betrachteten die automobilen Geschöpfe als schlicht geschmacklos. Auch der Countach wurde zwischen 1983 und 1989 von Koenig Specials technisch und optisch verändert: aerodynamisch verbreitertes Heck mit voluminösem Flügel, Spurverbreiterung vorne, Hochleistungsauspuffanlage, Sportkupplung und Seitenschweller. Den Motor trimmte Koenig Specials mittels eines Biturbos auf wahlweise 550, 600 oder gar 700 PS, eine Hochleistungsnockenwelle, die wassergekühlte Ladeluftkühlung, zwei Bypassventile und der Zusatzölkühler taten ihr Übriges.

Lamborghini Countach 5,4 Liter Koenig Specials

Countach Evoluzione (1986)

1984/85 startete in Sant'Agata das Projekt 112. Der Countach-Nachfolger mündete im Diablo. Ein Versuchsträger war der 490 PS starke Countach Evoluzione. Er wog mit 980 Kilo eine halbe Tonne weniger als das Serienfahrzeug, die Struktur bestand aus Karbonfiber mit verstärkenden wabenförmigen Aluteilen, die Kohlefaserkarosserie musste auf eine Lackierung verzichten. Im Heck hatte der Evo Kühler, die einem Düsenjet alle Ehre machten. Er war ebenso wie der Jota und der Urraco Bob ein Schrittmacher der *Automobili Lamborghini,* diesmal in Richtung Diablo. Überliefert ist die bis dato schnellste Runde auf der Rennstrecke in Nardo: Pierluigi Martine und Peter Dron schafften einen Durchschnitt von 314,1 km/h.

Modell	Countach Evoluzione
Baujahr	1986
Stückzahl	1
Motor	60-Grad-V12-Mittelmotor mit Alublock
Bohrung/Kolbenhub	85,5/75 mm
Verdichtung	9,5:1
Hubraum	5167 cm³
Leistung	490 PS bei 7000 min⁻¹
Getriebe	5-Gang
Bauweise	Kastenrahmen mit halbselbsttragender Karosserie
Radaufhängung	Einzelradaufhängung und Schraubenfedern rundum
Bremsen	Innenbelüftete Scheiben rundum
Reifen	Pirelli P7F, vorne 225-50 VR15, hinten 345-35 VR15
Radstand	2500 mm
Spurweite v/h	1536/1606 mm
Leergewicht	980 kg
Höchstgeschw.	330 km/h

Lamborghini Countach Evoluzione

Genesis (1988)

Nuccio Bertones Van-Vision zeigte bereits 1988, was heutige Großraumlimousinen noch immer nicht bieten: Eine harmonische Verbindung zwischen Van und Sportwagen. Der rote Bertone Genesis, auf dem Turiner Automobil-Salon 1988 präsentiert, blieb ein Einzelstück. Das Wort Genesis ist lateinisch und heißt »Entstehung«, »Entwicklung«. Bertone dachte an keine Serienfertigung. Er wollte als Schrittmacher einer neuen Fahrzeuggattung ein Fanal für die Industrie setzen. Im Profil wirkt der Genesis wegen seiner fast horizontalen, nach hinten ansteigenden Zweiteilung der seitlichen Fensterflächen keilförmig. Die riesige Panorama-Windschutzscheibe ist um die Seiten und ins Dach hineingezogen. Das Heckfenster reicht fast bis auf Höhe der Stoßstange herab. Dadurch ist der Innenraum stark lichtdurchflutet, und die Karosserie wirkt in ihrer Gesamtheit leicht. Durch den verhältnismäßig kurzen Radstand von 2,65 Metern sieht der Wagen gedrungen wie ein Kraftpaket aus. Dabei ist er groß: 4,48 Meter lang, 1,52 Meter hoch und zwei Meter breit. Der Radstand resultiert aus der technischen Basis: Bertone verwandte den Espada-Unterbau. Dessen 205er-Reifen wurden durch 225/45/16er vorne und 285/40/17er hinten ersetzt, für Vortrieb sorgte ein Countach QV-Motor.

Lichtdurchfluteter Van: Bertone Genesis

Flügeltüren und viel Glas: Bertone Genesis

Diablo
(1990 bis 1998)

Lamborghinis Supersportwagen für die 90er Jahre bekam nach dem Slangwort »Countach« wieder einen seriösen Namen: Diablo ist ein spanischer Kampfstier, das Wort weckt auch Assoziationen an den internationalen Begriff für Teufel. Am Wechsel der 80er zu den 90er Jahren boomte der Markt für italienische Supersportwagen. Weniger Enthusiasten, als vielmehr Spekulanten rissen sich um den Ferrari F40. Zeitgleich drohte Lamborghini, gegenüber der modernen Konkurrenz aus Maranello zurückzufallen – gerade in den USA, dem Hauptabsatzmarkt des neuen Eigentümers Chrysler. Der Diablo stoppte diesen Trend. Seine Geschichte begann 1984/85 unter dem Projektnamen P 132. Emile Novaro hatte das ehrgeizige Ziel, den Countach zu überflügeln und mit einem 315 km/h-Renner in den elitären »200 mph-Club« vorzustoßen – also ein Auto zu bauen, das 200 Meilen pro Stunde schaffte. Beeinflusst vom Porsche 959 entschied sich Novaro für permanenten Vierradantrieb. Für die Linienführung zeichnete wieder Marcello Gandini verantwortlich, nun nicht

Modell	Diablo
Baujahr	1990 bis 1998
Stückzahl	2898 (sämtliche Diablo inklusive Modelljahr 1999)
Motor	60-Grad-V12-Mittelmotor mit Alublock
Bohrung/Kolbenhub	87/80 mm
Verdichtung	10:1
Hubraum	5707 cm^3
Leistung	492 PS bei 6800 min^{-1}
Getriebe	5-Gang
Bauweise	Stahl-Gitterrohrrahmen, mit Karbonfiberplatten verstärkt, Karosserie aus Stahl, Alu und Karbonfiber
Radaufhängung	Einzelradaufhängung und Schraubenfedern rundum
Bremsen	Belüftete Scheiben rundum
Reifen	Pirelli, vorne 245-40 ZR17, hinten 335/35 ZR17
Radstand	2650 mm
Spurweite v/h	1540/1640 mm
Leergewicht	1490 kg
Höchstgeschw.	325 km/h

mehr als Bertone-Mitarbeiter, sondern als Freelancer. Nach Tests im Chrysler-Windkanal wurde der Entwurf in Detroit geglättet, auch bei der

Lamborghini Diablo

Innenraumgestaltung war Chrysler involviert. Der Diablo geisterte jahrelang als Prototyp durch die Presse und wurde sehnsüchtig erwartet. Die Präsentation erfolgte im Januar 1990 in Monte Carlo, kurz darauf liefen die ersten, ausschließlich heckgetriebenen Diablo vom Band. Das Rückgrat bestand aus einem Gitterrohrrahmen aus Stahl, verstärkt durch Karbonfiberplatten. Der Motor wurde vom Countach nahezu unverändert übernommen und leistete 492 PS. Diese schiere Leistung ermöglichte dem Diablo 325 km/h Topspeed, gerade mal 4,1 Sekunden vergingen für den Spurt auf Tempo 100. Während seiner Produktionszeit wurde der Wagen ständig verbessert, so kamen 1998 ABS und ein elektronisches Einspritz- sowie Motorsteuerungssystem. Zeitgleich gab es die 20 Exemplare umfassende

Sonderserie *Monterey.* Ein Einzelstück blieb der *Classico Italia,* an
dessen Entstehung 23 italienische
Firmen beteiligt waren und das
in Dallas im Oktober 1999 im
Rahmen einer Wohltätigkeits-
veranstaltung versteigert wurde.

Lamborghini Diablo

Diablo VT
(1993 bis 1998)

VT steht für Visko Traction. Die 4x4-Version des Lamborghini Diablo hatte permanenten Allradantrieb mit einer Viskokupplung im Antriebsstrang. Sie leitete bei Bedarf maximal 15 Prozent der Antriebskraft an die Vorderräder. Der VT hatte hinten und vorne eine Differenzialbremse und natürlich vordere Antriebswellen. Der Vierradantrieb bei einem Supersportwagen hat wenig mit dem gleichen Prinzip bei einem Geländewagen zu tun. Seit dem Audi Quattro von 1980 ist der Vierradantrieb bei Straßenfahrzeugen salonfähig geworden. Er verbessert die Traktion bei ungünstigen Straßenbedingungen, bei Supersportwagen hilft er im Extremfall (beim starken Beschleunigen oder bei schneller Kurvenfahrt), die geballte Kraft überhaupt auf den Asphalt zu bringen.

Der Diablo VT wurde 1991 präsentiert und kam erst zwei Jahre später auf den Markt. Die Allradantriebskonzeption stammte von Steyr-Daimler-Puch in Graz. Immerhin 25 Prozent der 6000 Teile, aus denen der Diablo bestand, waren für den zusätzlichen Vorderradantrieb modifiziert worden.

Modell	Diablo VT
Baujahr	1993 bis 1998
Stückzahl	2898 (sämtliche Diablo inklusive Modelljahr 1999)
Motor	60-Grad-V12-Mittelmotor mit Alublock
Bohrung/Kolbenhub	87/80 mm
Verdichtung	10:1
Hubraum	5707 cm³
Leistung	492 PS bei 6800 min⁻¹
Getriebe	5-Gang
Kraftübertragung	permanenter Allradantrieb mit Viskokupplung im Strang
Bauweise	Stahl-Gitterrohrrahmen, mit Karbonfiberplatten verstärkt, Karosserie aus Stahl, Alu und Karbonfiber
Radaufhängung	Einzelradaufhängung und Schraubenfedern rundum
Bremsen	Belüftete Scheiben rundum
Reifen	Pirelli P Zero, vorne 245-40 ZR17, hinten 335/35 ZR17
Radstand	2650 mm
Spurweite v/h	1540/1640 mm
Leergewicht	1735 kg
Höchstgeschw.	325 km/h

Lamborghini Diablo VT

Diablo Roadster
(1992 und 1995 bis 1999)

Modell	Diablo Roadster
Baujahr	1995 bis 1998
Stückzahl	85 plus ein Prototyp 1992
Motor	60-Grad-V12-Mittelmotor mit Alublock
Bohrung/Kolbenhub	87/80 mm
Verdichtung	10:1
Hubraum	5707 cm³
Leistung	492 PS bei 6800 min⁻¹
Getriebe	5-Gang
Bauweise	Stahl-Gitterrohrrahmen, mit Karbonfiberplatten verstärkt, Karosserie aus Stahl, Alu und Karbonfiber
Radaufhängung	Einzelradaufhängung und Schraubenfedern rundum
Bremsen	Belüftete Scheiben rundum
Reifen	Pirelli, vorne 235-40 ZR17, hinten 335-35 ZR17
Radstand	2650 mm
Spurweite v/h	1540/1640 mm
Leergewicht	1625 kg
Höchstgeschw.	323 km/h

Der Genfer Salon war erneut Dreh- und Angelpunkt für die Präsentation eines neuen Lamborghini: Im März 1992 debütierte der Diablo Roadster. Tief, geduckt, mit einer ultraflachen Windschutzscheibe, kauerte das Einzelstück in metallic-acid-yellow mit braunem Lederinterieur auf dem Lamborghini-Stand und sorgte für Begeisterungsstürme. Ursprünglich sollte der Roadster ein reines Showcar bleiben, wie seine Vorgänger 350 GTS (Paris 1965), Miura Spider (Brüssel 1968) und Athon (Turin 1980). Doch anders als seine Ahnen kam der Diablo Roadster drei Jahre später in den Genuss einer Serienfertigung. Bereits im Folgejahr bot Koenig Specials einen Diablo Roadster in Einzelfertigung an. Mit einer Plexiglasfront, einem stabilen Überrollbügel unter den lackierten Kopfstützenabdeckungen und einem neu gestalteten Motorschutz sowie seinen extremen Kotflügelverbreiterungen unterschied sich der Münchner Umbau deutlich vom Showcar aus dem Vorjahr. Im Dezember 1995 präsentierte Lamborghini in Bologna die Serienversion mit Allradantrieb. 1998 folgte der Roadster SV (Sport Veloce)

mit ausschließlichem Heckantrieb, verstärkten Bremsscheiben, neuen Bremszangen und einem in Eigenentwicklung realisierten ABS. Nachfolger des Diablo Roadster wurde im Jahre 2003 der Murciélago Concept Car.

Lamborghini Diablo Roadster

Diablo SE und SE Jota
(1993 bis 1995)

Die Diablo-Sonderserie anlässlich des 30. Geburtstages der *Automobili Lamborghini* hieß Diablo SE (= Special Edition). Die nur 150 Exemplare avancierten rasch zu begehrten Sammlerstücken. Die Besonderheit des SE war neben einem dezenten Restyling an Front und Heck der auf 520 PS getrimmte V12, sein Handicap das fehlende ABS. Das Performance-Paket bot sogar 580 PS und wurde mit dem Namen Jota geadelt, als späte Ehrung des unvergessenen 1971er Miura-Spitzenmodells. Eine Straßenzulassung blieb dem SE Jota verwehrt. Bei ihm war das Heck aus aerodynamischen Gründen etwas angehoben, die Front beherrschten zwei riesige Lufteinlässe. Letztendlich war der SE Jota ein werksgetunter Diablo SE. Die »Special Edition« wurde zwei Jahre lang gebaut, der letzte Diablo SE verließ am 26. November 1995 die Werkstore in Sant'Agata.

Modell	Diablo SE
Baujahr	1993 bis 1995
Stückzahl	150
Motor	60-Grad-V12-Mittelmotor mit Alublock
Bohrung/Kolbenhub	87/80 mm
Verdichtung	10:1
Hubraum	5707 cm^3
Leistung	520 PS bei 7100 min^{-1}
Getriebe	5-Gang
Bauweise	Stahl-Gitterrohrrahmen, mit Karbonfiberplatten verstärkt, Karosserie aus Stahl, Alu und Karbonfiber
Radaufhängung	Einzelradaufhängung und Schraubenfedern rundum
Bremsen	Belüftete Scheiben rundum
Reifen	Pirelli, vorne 245-40 ZR17, hinten 335/30 ZR17
Radstand	2650 mm
Spurweite v/h	1540/1640 mm
Leergewicht	1490 kg
Höchstgeschw.	330 km/h

Lamborghini
Diablo SE Jota

Lamborghini
Diablo SE

Diablo VTR (1998)

Extrem rar ist der Diablo VTR. Drei Stück wurden 1998 fabriziert. Mechanisch war er ein Standard-VT (also 4x4), Chassis und Motor blieben unbehelligt. Ausschließlich die Karosserieanbauteile unterschieden den VTR vom Serien-Fahrzeug und jedem anderen Diablo seiner Ära. Sie entstammten dem SE von 1993 und lagen als Ersatzteile in Sant' Agata herum, bis das Werk auf den gewinnbringenden Gedanken kam, damit fünf Jahre später ein »neues« Fahrzeug zu kreieren. Damit reduzierte Lamborghini seinen Lagerbestand und konnte potentielle Kunden mit einem seltenen Sondermodell bedienen. Der einzige Unterschied zwischen SE und VTR lag darin, dass der SE fix eingebaute Seitenscheiben hatte, diejenigen im VTR ließen sich öffnen. Kurioserweise hatten alle drei VTR unterschiedliche Räder, die aus mehreren Diablo-Baureihen der Ver-

gangenheit stammten. Lamborghini ließ sich die selbst geschaffene »Blaue Mauritius« mit 300.000 US-Dollar sehr teuer bezahlen. Obwohl dem VTR eigentlich eher der Nimbus eines »Bausatz-Autos« anhaften müsste, wird er unter Sammlern hoch geschätzt. Mehrere Enthusiasten haben sich mittels Karosserieanbauteilen einen Pseudo-VTR geschaffen und für das Resultat weit weniger als den offiziellen Preis bezahlt. Aber Fakt bleibt, dass der originale VTR der seltenste Diablo überhaupt ist.

Lamborghini Diablo VTR

Diablo SV und SVR (1996 bis 1999)

Das durch den Miura legendäre Buchstaben-kürzel SV (Sport Veloce) erlebte 1996, also 30 Jahre später, im heckgetriebenen Diablo ein Revival. Der 500 PS starke SV hatte gegenüber der Basisversion um rund 100 Kilo abgespeckt. Wegen der abgemagerten Innenausstattung reduzierte sich auch der Preis um fünf Prozent. Für viele Enthusiasten war der Diablo SV mit seinem Heckflügel viel erstrebenswerter als ein luxuriöser ausgestatteter Standard-Diablo oder gar der zeitgleich angebotene, nochmals 20 Prozent teurere Diablo SE. Die Steigerungsform des SV hieß SVR und wurde eigens für die Diablo Monomarque Championsship-Rennserie geschaffen – also für die »Gentlemen Racer«, Privatfahrer, die sich mit ihren Diablo auf dem Circuit messen. Analog den Ferrari-Challenge-Typen waren die Diablo SVR Rundstreckenrenn-wagen ohne Straßenzulassung.

Modell	Diablo SV und SVR
Baujahr	1996 bis 1999
Stückzahl	SV: 184 von 1996 bis 1998; weitere 85 Modelljahr 1999, SVR: insgesamt 50
Motor	60-Grad-V12-Mittelmotor mit Alublock
Bohrung/Kolbenhub	87/80 mm
Verdichtung	10:1
Hubraum	5707 cm^3
Leistung	SV: 500 PS bei 7000 min^{-1}, SVR: 540 PS bei 7100 min^{-1}
Getriebe	5-Gang
Bauweise	Stahl-Gitterrohrrahmen, mit Karbonfiberplatten verstärkt, Karosserie aus Stahl, Alu und Karbonfiber
Radaufhängung	Einzelradaufhängung und Schraubenfedern rundum
Bremsen	Belüftete Scheiben rundum
Reifen	SV: Pirelli, vorne 235-40 ZR17, hinten 335-30 ZR18, SVR: vorne 235/615 ZR18, hinten 335/675 ZR18
Radstand	2650 mm
Spurweite v/h	1540/1640 mm
Leergewicht	SV: 1450 kg, SVR: 1485 kg
Höchstgeschw.	300 km/h

Lamborghini Diablo SVR

Lamborghini Diablo SV

Diablo GT2
(1998 bis 1999)

Während der SVR eine für Rundstrecken-rennen aufgepeppte Version des SV war, schuf Lamborghini mit dem GT2 einen reinen Renn-wagen – geboren, um in der GT2-Klasse ge-gen die dominanten Porsche anzutreten. Die Teilnahmekosten an dieser Meisterschaft ließ das Werk allerdings vor dieser kühnen Tat zurückschrecken. Dennoch hatte der GT2 seine Daseinsberechtigung, denn er war der neue Star in der Diablo Monomarque Cham-pionship. Im März 1998 wurde der martia-lische Diablo GT2 auf der Motor Show in Bologna vorgestellt. Aus sechs Litern Hubraum

schöpfte er satte 640 PS. Seine Karosserie bestand großteils aus kohlefaser-verstärktem Kunststoff, die vordere und hintere Spur war verbreitert. Die ersten GT2 wurden im Herbst 1998 ausgeliefert, die Straßenversion folgte zum Jahreswechsel 1998/99.

Lamborghini Diablo GT2

Diablo '99
(1999 bis 2000)

Ab 1998 wehte in Sant'Agata ein frischer Wind. Als erstes änderte Audi die Produktstrategie. Der Diablo war in die Jahre gekommen, auch wenn er nach wie vor mit seinen Konkurrenten mithalten konnte. Aber der Markt für Supersportwagen wurde zunehmend enger, mehr Mitbewerber stritten sich um die begrenzte Käuferzahl. Lamborghini hatte nicht die finanziellen Mittel, um sofort eine Neukonstruktion als Diablo-Ersatz auf den Markt bringen zu können. So wurde der mittlerweile fast zehn Jahre alte Wagen modernisiert. Drehscheibe für den Diablo '99 war der Pariser Salon im Herbst 1998. Neben einem sehr überarbeiteten

Innenraum und Armaturenbrett waren die Neuerungen hauptsächlich technischer Natur: ABS, 18-Zoll-Räder, neue Elektronik, verbesserte Bremsen, neues Motormanagement, neue Aufhängungen, Karosserie aus Karbonfiber. Mit nunmehr 530 PS erreichte der Diablo '99 Tempo 335 und schaffte den Spurt auf 100 km/h in weniger als vier Sekunden. Optisch war der überarbeitete Diablo vor allem an seinem gelifteten Gesicht zu erkennen: Statt Klappscheinwerfern waren die Lichter nun unter einer Glasabdeckung in die Frontpartie integriert. Das 1999er Diablo-Programm bestand aus VT (34 Stück), SV (85 Stück) und VT Roadster (108 Stück).

Lamborghini Diablo Roadster Modelljahr 1999

Diablo GT und GTR (1999 bis 2000)

Auf der Frankfurter IAA im September 1999 präsentierte Lamborghini mit dem Diablo GT den schnellsten Straßensportwagen der Welt. 83 Käufer kamen in den Genuss des 338 km/h schnellen Boliden. Im GT waren alle Erfahrungen aus der Entwicklung des GT2-Rennwagens vereint. Er unterschied sich hauptsächlich durch seinen neuen Sechsliter-V12 mit 575 PS bei 7300 min⁻¹ von seinen »zivilen« Brüdern.

Der 590 PS starke Diablo GTR war eine spezielle Variante des GT, ausschließlich für den Rennsport.

Modell	Diablo GT und GTR
Baujahr	1999 bis 2000
Stückzahl	GT: 83, GTR: 30
Motor	60-Grad-V12-Mittelmotor mit Alublock
Bohrung/Kolbenhub	87/84 mm
Verdichtung	10,7:1
Hubraum	5992 cm³
Leistung	GT: 575 PS bei 7300 min⁻¹, GTR: 509 PS bei 7300 min⁻¹
Getriebe	5-Gang
Bauweise	Stahl-Gitterrohrrahmen, mit Karbonfiberplatten verstärkt, Karosserie aus Stahl, Alu und Karbonfiber
Radaufhängung	Einzelradaufhängung und Schraubenfedern rundum
Bremsen	Belüftete Scheiben rundum
Reifen	Pirelli, GT: vorne 245-35 ZR18, hinten 335-30 ZR18, GTR: vorne 245/645 ZR18, hinten 325/705 ZR18
Radstand	2650 mm
Spurweite v/h	1650/1670 mm
Leergewicht	GT: 1490 kg, GTR: 1400 kg
Höchstgeschw.	GT: 320 bis 338 km/h (je nach Achsübersetzung und Heckflügelstellung), GTR: 338 km/h

Links: Lamborghini Diablo GTR
Unten: Lamborghini Diablo GT

Diablo 6.0
(2000 bis 2001)

Als letztes Aufblühen vor der geplanten Ablösung erschien im Jahre 2000 der Diablo 6.0. Seine markanteste Neuerung war das Frontrestyling von Luc Donckerwolke, dem vom Audi-Vorstand bestimmten Lamborghini-Chefstilisten, verantwortlich für das Design des Nachfolgers. Donckerwolke gab mit der neuen Diablo-Front einen Ausblick auf die Lamborghini-Formensprache des nächsten Milleniums. Der Sechsliter-V12 des heckgetriebenen 2000er Modells leistete 550 PS bei 7100 min⁻¹ und hatte ein völlig verändertes Motormanagement sowie überarbeitete Radaufhängungen und eine modifizierte Auspuffanlage. Die 235/35 ZR 18-Reifen vorne und 335/30 ZR 18-Reifen hinten saßen auf Magnesiumfelgen in neuem Design. Mit Ausnahme des Dachs und der Türen bestand die komplette Karosserie nunmehr aus Karbonfiber. Komplett neu präsentierte sich das Interieur; Leder, Karbon und Aluminium schufen ein sportliches Ambiente auf der Höhe der Zeit. Die allradgetriebenen VT-Versionen (Berlinetta und Roadster) mussten mit dem bisherigen 5,7-Liter V12 mit 530 PS und ohne Restyling auskommen.

Modell	Diablo 6.0
Baujahr	2000 bis 2001
Stückzahl	383 (inkl. 45 Diablo SE 2001)
Motor	60-Grad-V12-Mittelmotor mit Alublock
Bohrung/Kolbenhub	87/84 mm
Verdichtung	10,7:1
Hubraum	5992 cm³
Leistung	550 PS bei 7100 min⁻¹
Getriebe	5-Gang
Kraftübertragung	permanenter Allradantrieb mit Viskokupplung im Strang
Bauweise	Stahl-Gitterrohrrahmen, mit Karbonfiberplatten verstärkt, Karosserie aus Stahl, Alu und Karbonfiber
Radaufhängung	Einzelradaufhängung und Schraubenfedern rundum
Bremsen	Belüftete Scheiben rundum
Reifen	Pirelli, vorne 235-35 ZR18, hinten 335-30 ZR18
Radstand	2650 mm
Spurweite v/h	1610/1670 mm
Leergewicht	1625 kg
Höchstgeschw.	330 km/h

Lamborghini Diablo 6.0

Diablo 6.0 SE (2001)

Die letzte Serie des Diablo, den 6.0 SE (= Special Edition), stellte Lamborghini auf dem Genfer Salon 2001 in den beiden Farben elios gold und eklipsis maroon vor. Der Innenraum wurde erneut mit modernen Werkstoffen aufgepeppt, ein Navigationsgerät hielt Einzug. Mit 575 PS erstarkte der 6.0 SE nochmals um 25 PS, 330 km/h Topspeed und eine Beschleunigung auf Tempo 100 in 3,95 Sekunden machten den letzten Diablo zu einem der besten. Nur 45 Kunden kamen in den Genuss dieses 218.500 Euro teuren Sondermodells.

Über zehn Jahre lang lief der Diablo vom Band und ist somit der Lamborghini mit der längsten Produktionsdauer. Rund 3000 Exemplare wurden gebaut, und das letzte fuhr direkt vom Fließband ins Werksmuseum. Der Diablo war zu seiner Zeit das schnellste Straßenfahrzeug der Welt, ein Vollblutsportwagen, dem wie auch seinen Vorgängern Miura und Countach ein Stellenwert weit oben im Olymp des Automobils gebührt. Seine Karriere wurde lediglich durch die vielen Sondermodelle etwas getrübt, die in den Zeiten entstanden, als Lamborghini ums Überleben kämpfte. »Specials« schaffen zwar stets einen Kaufanreiz, und limitierte Editionen mögen Sammler erfreuen. Gleichsam wackelt eine automobile Ikone, wenn sie es nötig hat, durch Sondermodelle gepusht zu werden.

Lamborghini Diablo
6.0 SE in eklipsis maroon

Lamborghini Diablo
6.0 SE in elios gold

Heuliez
Pregunta (1998)

Der Eyecatcher auf dem Pariser Salon im Oktober 1998 hieß Heuliez Pregunta. Für Heuliez, vom französischen Karosseriebauer zum Systemzulieferer für die weltweite Automobil-Industrie avanciert, diente der Prototyp als Demonstration für die eigene Kompetenz und um zu zeigen, dass die Firma nicht nur Komponenten sondern auch komplette Fahrzeuge entwickeln kann. Heuliez verstand das Designstück auch als einen Vorschlag für den damals noch aktuellen »Super-Diablo«, aus dem später der Murciélago wurde. Das Einzelstück basierte auf dem Diablo und teilte Chassis, Motor und Antriebstechnik mit seinem Organspender. Der Pregunta war ein zweisitziger Spider mit äußerst aggressiver und eindrucksvoller Linienführung. Die Heuliez-Ingenieure ließen sich bei der Realisierung stärker von der Luftfahrt als vom Straßen-

verkehr inspirieren. Die Front erinnerte zwar an Sport-Prototypen, das aufgeblasene Heck aber mehr an Kampf-Flugzeuge. Mit seinen nach oben aufschwingenden Türen und dem geteilten Interieur (die linke Seite für den Piloten sportlich, die rechte für den Fahrgast komfortabel) vermittelte der Pregunta eher das Gefühl eines Überschallfluges als einer Autofahrt. Der Prototyp war mit allem ausgerüstet, was Ende der 90er Jahre up to date war: Armaturenbrett im Formel 1-Stil, Navigationssystem, Rückfahr-Kamera und Musikanlage von Alpine, Vierpunkt-Gurte, Lenkrad von Classic Board und Räder von OZ.

Heuliez Pregunta

Raptor (1996)

Den Zagato-Stand auf dem Genfer Salon 1996 dominierte ein niedriger und breiter Supersportwagen, geehrt mit der Auszeichnung des »Best Concept Car«. Das Resultat der Zusammenarbeit zwischen Andrea Zagato, seinem japanischem Designer Nori Harada und dem Schweizer Alain Wicki hieß Raptor – ein fahrbereiter, potenzieller Diablo-Nachfolger, von Zagato mit Mike Kimberleys Absegnung vom Lamborghini-V12 angetrieben. Es blieb aus mehreren Gründen beim Unikat, hauptsächlich weil Lamborghini in diesen für die Firmengeschicke schwierigen Jahren das Geld fehlte, um den Raptor zur Serienreife zu entwickeln. Das Showcar verblieb zunächst bei Alain Wicki und wurde im Jahr 2000 bei Brooks in Genf versteigert. Seine Idee lebte bei Lamborghini noch jahrelang weiter. Mangels eines Diablo-Nachfolgers dachte das Management darüber nach, dem Diablo einfach eine neue Karosserie mit Raptor-Anklängen zu spendieren. Doch nicht einmal dafür war Ende der 90er Jahre Geld in der Kasse, die Firma kämpfte ums Überleben. Also hielt Lamborghini den Diablo weiter mit Modifikationen und Sondermodellen am Köcheln.

Lamborghini Raptor

Canto (1997)

Ferdinand Piëch sagte nein. Er lehnte das Projekt L 147 persönlich ab. Nach dem Einstieg von VW/Audi in Sant'Agata wurde der sogenannte Super-Diablo alias Canto gestrichen. 1997 hatte der damalige Lamborghini-Geschäftsführer Vittorio Di Capua einen neuen Typ oberhalb des Diablo angekündigt, den Canto mit Zagato-Karosserie. Noch im März 1998 wurde er als Über-Diablo für das Jahr 1999 angekündigt, und am 7. Mai 1998, dem 35. Geburtstag der Marke, fand eine werksinterne Präsentation statt. Im Sommer bereiste eine hochkarätige deutsche VW/Audi-Abordnung erstmals Sant'Agata, noch bevor die endgültigen Übernahmeverträge unterzeichnet waren. Piëch sah den Canto und lehnte ihn ab. Statt dessen stellten die Deutschen Lamborghini 155 Millionen Euro für die nächsten fünf Jahre zur Verfügung. Mit diesem Geld wurde die Firma umstrukturiert, ein Museum, Entwicklungszentrum und großer Showroom entstanden, und Geld war da für eine völlige Neuentwicklung. Der Über-Diablo und gleichzeitig sein Nachfolger sollte der Murciélago werden.

Lamborghini Canto

(Zeichnung Mark Stehrenberg)

■114

Murciélago 6.2
(2001 bis 2005)

Aus seiner Hand stammte das Audi »Rosemeyer«-Concept Car und er arbeitete an diversen Audi- und Skoda-Modellen mit: Luc Donckerwolke wurde von Lamborghini-Präsident Fanz-Josef Paefgen für das Design des Murciélago verpflichtet. Ansonsten ließ Audi den Ingenieuren freie Hand beim Tipo L 147/2. Donckerwolke schuf einen kraftvollen Body im zeitgemäßen Smooth-Design, also mit vorherrschenden Rundungen, aufgelockert durch einige Edge-Stilmerkmale wie die Scheinwerfer und die graphisch wirkenden Luftsauger. Karosserieentwicklung und Prototypenbau oblag Bertone. Durch die Trockensumpfschmierung konnte der Motor tiefer in das Chassis eingelassen werden, was den Schwerpunkt nach unten versetzte und das Handling verbesserte. Sechs Prototypen entstanden im Jahre 2000. Der 147/2 wurde nach dem Kampfstier Muciélago benannt, gleichsam

Lamborghini Murciélago

Modell	Murciélago 6.2
Baujahr	2001 bis 2005
Stückzahl	2000 (inkl. LP 640; Stand April 2006)
Motor	60-Grad-V12-Mittelmotor mit Alublock
Bohrung/Kolbenhub	87/86,8 mm
Verdichtung	10,7:1
Hubraum	6192 cm^3
Leistung	580 PS bei 7500 min^{-1}
Getriebe	6-Gang
Kraftübertragung	permanenter Allradantrieb mit Viskokupplung im Strang
Bauweise	Stahl-Gitterrohrrahmen, mit Kohlefaserplatten verstärkt, Karosserie aus Stahl und Kohlefaser
Radaufhängung	Einzelradaufhängung und Schraubenfedern rundum
Bremsen	Belüftete Scheiben rundum
Reifen	Pirelli, vorne 245-35 ZR18, hinten 335-30 ZR18
Radstand	2665 mm
Spurweite v/h	1635/1695 mm
Leergewicht	1650 kg
Höchstgeschw.	330 km/h

Lamborghini Murciélago

das spanische Wort für Fledermaus. Am 6. September 2001, dem »Lamborghini Day«, wurde er in Sant'Agata und Bologna präsentiert. Den Rahmen dieser einmaligen Show bildeten angestrahltes Lava und die legendären Sieben Todsünden – ein Motiv, das sich auch in den Verkaufskatalogen fortsetzte. Der neue Kampfstier hatte permanenten Allradantrieb mit zentraler Viskokupplung, vorne und hinten Differenzialsperren, Antischlupfregelung und ein neues Sechsgang-Getriebe, ab 2003 optional ein automatisiertes Getriebe mit elektronisch gesteuerter sequentieller Schaltung. Das Fahrgestell besteht aus einem mit Kohlefaserplatten verstärkten Stahl-Gitterrohrrahmen, die Karosserieelemente sind aus Stahl und Kohlefaser.

Der neu entwickelte 6,2-Liter-V12 verfügte über 580 PS und beschleunigte die Berlinetta in 3,6 Sekunden auf Tempo 100, der Vortrieb hörte erst jenseits der magischen 330-km/h-Schwelle auf.

Lamborghini Murciélago

Murciélago R-GT (2003)

Für den Einsatz in Rennserien wie die europäische FIA-GT-Meisterschaft oder die American Le Mans-Series sowie beim 24-Stunden-Rennen von Le Mans entwickelte Lamborghini eine GT-Version des Murciélago, präsentiert auf der IAA 2003. Der R-GT entstand in Zusammenarbeit mit der Audi-Sportabteilung und der Firma Reiter-Engineering, die bereits an der Entwicklung der siegreichen Audi-Le Mans-Prototypen beteiligt war. Die renntaugliche Leichtbau-Version des Serien-Murciélago brachte 1100 Kilo Kampfgewicht auf die Waage. Der Sechsliter-V12 kam auf rund 600 PS und trieb im Gegensatz zum Serien-Murciélago nur die Hinterräder an. Das Chassis bestand wie bei der Straßen-Version aus Aluminium. Die Karosserie wurde aus schwarzer Kohlefaser gefertigt und lediglich mit Klarlack überzogen. Der Preis: knapp 500.000 Euro. Reiter Engineering kündigte an, mit einem Murciélago R-GT am FIA-GT-Rennen in Monza im Herbst 2003 teilzunehmen. Doch die Werksabordnung der Audi-Tochter packte noch vor dem Rennen wieder ein. Peter Cox und Oliver Gavin fuhren in der Saison 2004 beim zweiten Lauf zur FIA-GT-Meisterschaft in Valencia mit dem Murciélago R-GT auf Rang drei. Dann zogen sich die Lamborghini von den Rennstrecken zurück und offiziell wurde verkündet, der Plan habe stets gelautet, die Konkurrenzfähigkeit des Autos einmalig unter Beweis stellen zu wollen. Doch Reiter baute eine kleine Serie des R-GT.

Lamborghini Murciélago R-GT

Murciélago Concept Car (2003)

Das Jahr 2003 stand für Lamborghini im Zeichen des 40. Firmengeburtstages und der Präsentation des Gallardo. Der Opener dieses ereignisreichen Jahres war der Murciélago

Concept Car auf der Detroit Motor Show im Januar. Sein Design stammte von Luc Donckerwolke, und er entlieh sich manche Anregung von den klassischen italienischen Barchettas der 50er und 60er Jahre. Die Roadster-Studie war 13,6 Zentimeter flacher als die Berlinetta, äußerst puristisch gestaltet und hatte eine verstärkte Bodenplatte, weil das Dach als Bestandteil des Monocoques nicht mehr vorhanden war.

Lamborghini Murciélago Concept Car 2003

Murciélago
40 Jahre Lamborghini (2003)

Nach dem Countach Anniversario und dem Diablo SE war der Murciélago *40 Jahre Lamborghini* die dritte Sonderserie anlässlich eines Firmengeburtstages. Ausschließlich im Jahre 2003 wurden 50 Exemplare der Sonderedition verkauft. Die durchnummerierten Wagen waren in Grün Artemis, einer dreischichtigen Lackierung mit Perleffekt, gehalten und hatten anthrazitmetallic lackierte Felgen mit neu gestalteten Naben, die das Markenlogo dreidimensional erscheinen ließen. Einige Karosserieanbauteile waren mit sichtbarem Karbon verkleidet, die jeweilige Seriennummern der Geburtstagsmodelle fanden sich am hinteren Fenster wieder. Neues im Innenraum: Wie später der Murciélago Roadster bestach die Geburtstagsedition durch eine asymmetrische Ausgestaltung des Interieurs, grau perforiertes Leder auf der Fahrerseite, glattes schwarzes Feinnappaleder für den Copiloten. Die mit dem *40 Jahre*-Logo personalisierten Fußmatten, ein hochwertiges Radio und ein Navigationssystem vervollständigten die Ausstattung.

Lamborghini Murciélago *40 Jahre Lamborghini*

Murciélago Roadster (seit 2004)

Modell	Murciélago Roadster
Baujahr	seit 2004
Stückzahl	2000 (Coupé, Roadster und LP 640; Stand April 2006)
Motor	60-Grad-V12-Mittelmotor mit Alublock
Bohrung/Kolbenhub	87/86,8 mm
Verdichtung	10,7:1
Hubraum	6192 cm³
Leistung	580 PS bei 7500 min⁻¹
Getriebe	6-Gang
Kraftübertragung	permanenter Allradantrieb mit Viscokupplung im Strang
Bauweise	Stahl-Gitterrohrrahmen, mit Kohlefaserplatten verstärkt, Karosserie aus Stahl und Kohlefaser
Radaufhängung	Einzelradaufhängung und Schraubenfedern rundum
Bremsen	Belüftete Scheiben rundum
Reifen	Pirelli, vorne 245-35 ZR18, hinten 335-30 ZR18
Radstand	2665 mm
Spurweite v/h	1635/1695 mm
Leergewicht	1665 kg
Höchstgeschw.	320 km/h

Aus dem Concept Car von 2003 erwuchs im Folgejahr der Murciélago Roadster. Auf dem Genfer Salon wurde er präsentiert, im zweiten Halbjahr 2004 kamen die ersten Enthusiasten in den Genuss, einen Murciélago oben offen fahren zu dürfen. Luc Donckerwolke beschränkte sich nicht nur darauf, das Dach abzunehmen, vielmehr verlieh er dem Roadster ein eigenständiges Aussehen. Grundsätzlich basiert der Roadster auf der Berlinetta, aber strukturelle Änderungen waren nötig, um trotz des fehlenden Daches eine verwindungsfreie Karosserie zu schaffen. Das Chassis musste verstärkt werden, auch im Motorraum sorgte eine zusätzliche Versteifungsstruktur für Torsionsfestigkeit. Ohne den extremen Charakter des Murciélago Roadster zu schmälern, kann kurzzeitig ein Stoffdach montiert werden, zum Beispiel bei einem Platzregen. Aber ein Murciélago Roadster wird prinzipiell offen gefahren, und bei entsprechendem Tempo bleibt der Innenraum selbst bei Regen trocken. Der Sicherheit dient ein bei Bedarf in Millisekunden elektrisch ausfahrbarer Überrollbügel. Besonderer Clou im Innenraum: Die Lederausstattung ist asymmetrisch, Material und Oberflächenstruktur unterscheiden sich rechts und links.

Lamborghini Murciélago Roadster als Filmauto in *Batman Begins*

Rechts: Lamborghini Murciélago Roadster

Murciélago LP 640 (seit 2006)

Zum Genfer Salon 2006 erschien der Murciélago LP 640, eine umfangreich modifizierte Version, die den Murciélago zum extremsten und schnellsten Sportwagen seiner Klasse und damit zur ultimativen Fahrmaschine macht. Front und Heck sind noch aggressiver, die Rücklichter neu gestaltet, und die Seitenpartien präsentieren sich asymmetrisch: der rechte Schweller ist hinter der Lufteinlassöffnung geschlossen, links ist eine große Öffnung zur Entlüftung des Ölkühlers. Auf Wunsch liefert Lamborghini eine transparente Motorhaube. Der Hubraum wuchs von 6,2 auf 6,5 Liter, die Leistung stieg von 580 auf 640 PS bei 8000 min⁻¹, das maximale Drehmoment beträgt bullige 660 Nm bei 6000 min⁻¹. Dafür überarbeite Lamborghini nahezu alle Motorkomponenten: Kurbelwelle, Nockenwellen und Abgasanlage; neu konstruiert sind der Zylinderkopf und der gesamte Ansaugtrakt. Die Topspeed stieg um 10 auf 340 km/h an, den Standardsprint erledigt der Murciélago LP 640 in 3,4 Sekunden. Die höheren Leistungs- und Drehmomentwerte bedingten, dass Radaufhängungen, Getriebe, Abgasanlage, Bremsen (auf Wunsch Karbon-Keramik-Bremsen) und Elektronik ebenfalls modifiziert werden mussten. Nun gibt es für die Berlinetta auch die aus dem Murciélago Roadster bekannte asymmetrische Innenraumgestaltung.

Modell	Murciélago LP 640
Baujahr	seit 2006
Stückzahl	2000 (Murciélago 6.2 und LP 640; Stand April 2006)
Motor	60-Grad-V12-Mittelmotor mit Alublock
Bohrung/Kolbenhub	88/86,8 mm
Verdichtung	11:1
Hubraum	6496 cm³
Leistung	640 PS bei 8000 min⁻¹
Getriebe	6-Gang
Kraftübertragung	permanenter Allradantrieb mit Viscokupplung im Strang
Bauweise	Stahl-Gitterrohrrahmen, mit Kohlefaserplatten verstärkt, Karosserie aus Stahl und Kohlefaser
Radaufhängung	Einzelradaufhängung und Schraubenfedern rundum
Bremsen	Belüftete Scheiben rundum, optionales Keramikgehäuse
Reifen	Pirelli, vorne 245-35 ZR18, hinten 335-30 ZR18
Radstand	2665 mm
Spurweite v/h	1635/1695 mm
Leergewicht	1665 kg
Höchstgeschw.	340 km/h

Lamborghini Murciélago LP 640

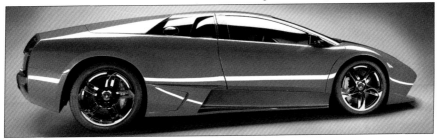

Concept S (2005)

Die USA waren Drehscheibe für die Präsentation des Concept S von 2005. Zuerst wurde der fahrbereite Prototyp beim Concorso Italiano in Monterey und dem Concours d'Elegance in Pebble Beach gezeigt. Die Europäer kamen zwar schon zuvor in Genf auf ihre Kosten, mussten aber mit einem reinen Showcar ohne Motor vorlieb nehmen. Luc Donckerwolke ließ sich von klassischen Einsitzer-Supersportwagen der Vergangenheit inspirieren. Nach dem Genfer Debüt und den positiven Reaktionen der Fachwelt entschloss sich Lamborghini, aus der Studie einen fahrbereiten Prototypen zu schaffen. Der Wagen steht für die Philosophie des Hauses: extrem, kompromisslos und italienisch. Der straßentaugliche Prototyp zeigte wenig Veränderungen gegenüber der in Genf gezeigten Studie. Die »saute-vent«-Windschutzscheibe wurde neu gezeichnet, und durch den Homologationsprozess entstand ein noch extremeres und kompromissloseres Design. Unter einem »saute-vent« versteht man keine klassische Winschutzscheibe, sondern eine Art Glasspoiler, der den Fahrtwind über den Kopf des Fahrers hinweg gleiten lässt.

Der Innenraum des Concept S ist längs zweigeteilt, ein äußerst futuristischer Aspekt. Die Technik entleiht sich der Prototyp weitgehend dem Gallardo. Der Entschluss zur Serienproduktion ist gefallen. Im Jahre 2006 soll eine limitierte Marge von 80 oder 90 Fahrzeugen hergestellt werden. Der Concept S war Luc Donckerwolkes ultimative Kreation für Lamborghini.

Im Herbst 2005 wechselte er innerhalb der Audi-Markengruppe als Designchef zu Seat.

Lamborghini Concept S

Der Miura- und Countach-Züchter Lamborghini hat all das für ungültig erklärt, was 40 Jahre lang für Geländewagen gegolten hat: abgekantete Bleche, Starrachsen, bretthart, kein Komfort, kein Renommee. Der LM 002 war 200 km/h schnell, immens teuer und setzte drei Trends: Der Erste: Ein Geländewagen kann ein Superauto sein. Der Zweite: Ein Geländewagen kann ein Spielzeug für die Reichen sein. Der Dritte: Der Weg ist frei für den Hummer.

Zum LM 002 führte ein langer Weg. Er dauerte neun Jahre, und Lamborghini bestritt ihn in jener Zeit wechselnder Besitzverhältnisse, in der es der Firma wirtschaftlich schlecht ging. Die ersten beiden Prototypen von 1977 und 1981, der Cheetah und LM 001, hatten einen Heckmotor und waren der Versuch Lamborghinis, die Ausschreibung der US-Army für einen Nachfolger des leichten Geländewagens Mutt zu gewinnen. Eine militärische Karriere blieb dem LM (für Lamborghini Military) verwehrt, aber der Serien-LM von 1986 wurde zu einem beliebten Spielzeug orientalischer Stammesfürsten und amerikanischer Lambo-Rambos, denen es Spaß machte, die arabischen oder kalifornischen Wüsten erzittern zu lassen.

Das LM-Konzept war letztlich auch ein Schrittmacher für einen Militärgeländewagen, den epochalen amerikanischen Hummer, der als Zivilauto heute genau die Klientel bedient, die in den 80er Jahren mit dem Lamborghini LM 002 spielte.

Lamborghini LM 002 Estate, ein 1989 von Salvatore Diomante (Autoconstruzioni Turin) für den Sultan von Brunei geschaffenes Einzelstück

Röntgenblick:
Die Struktur des LM 002

Cheetah (1977)

René Leimer und Georges-Henri Rossetti hatten den Kredit der italienischen Regierung zweckentfremdet. Das Geld war als Finanzierung zur BMW M1-Produktion gedacht, aber die Geschäftsleitung investierte in einen Geländewagen. Die amerikanische Firma MTI (Mobility Technology International) suchte einen Produzenten für einen Militärgeländewagen, der von Lamborghini entwickelt und unter eigenem Namen produziert, von MTI aber vermarktet werden sollte. Plötzlich musste alles schneller als geplant gehen und Lamborghini übernahm zwangsweise das vorhandene MTI-Layout. Das erwies sich erstens als schlecht und zweitens als abgekupfert. Wegen der Heckmotoranordnung taugte der Offroader nichts im Gelände, und die Firma FMC verklagte MTI und Lamborghini, weil der Cheetah, 1977 in Genf präsentiert, deren Konzept FMC XR 311 kopierte. Der Cheetah war sehr öffentlichkeitswirksam, aber im negativen Sinne: Der Name Lamborghini wurde mit einem schlechten und auch noch geklauten Entwurf in Verbindung gebracht. Der einzige Prototyp, mit einem Chrysler 5,9-Liter-V8 mit Automatik ausgerüstet,

Modell	Cheetah
Baujahr	1977
Stückzahl	1
Motor	im Heck eingebauter Chrysler (USA) V8
Bohrung/Kolbenhub	101,6/90,9 mm
Verdichtung	9,8:1
Hubraum	5898 cm³
Leistung	183 PS bei 4000 min⁻¹
Getriebe	3-Gang Automatik
Bauweise	Rohrrahmenchassis
Radaufhängung	Einzelradaufhängung und Schraubenfedern rundum
Bremsen	Belüftete Scheiben rundum
Reifen	schlauchlose Goodyear-Geländereifen
Radstand	3000 mm
Spurweite v/h	1520/1520 mm
Leergewicht	2042 kg
Höchstgeschw.	–

wurde bei Wüstentests in Kalifornien zerstört. Die Cheetah-Entwicklung war also ein Rohrkrepierer und brachte Lamborghini an den Rande des Ruins: Leimer und Rossetti mussten 1978 Konkurs anmelden.

Lamborghini Cheetah

LM 001 (1981)

Im Juli 1980 kaufte die schwerreiche franzö-
sische Familie Mimran Lamborghini. Der erst
24jährige Patrick Mimran wurde Präsident und
setzte Emile Novaro als Werksleiter ein. Mim-
rans Dynamik war kaum zu bremsen, und auf
dem Genfer Salon 1981 stand, neben dem
Jalpa, der LM 001. Giulio Alfieri, ein ehemali-
ger Maserati-Mann und verantwortlicher Lam-
borghini-Ingenieur, überarbeitete das Cheetah-
Konzept, aber nicht grundlegend. Alfieri verwandte den eigenen V12 aus dem Countach
und brachte ihn auf 4754 cm³ mit 332 PS.
Der Motor wurde wieder hinten eingebaut. Die
Karosserie sah dem Cheetah sehr ähnlich und
ließ sich auf den ersten Blick nur an den recht-
eckigen anstelle der Doppelscheinwerfer und
den breit ausgestellten Kotflügeln identifizieren.
Im LM 001 wurde auch ein amerikanischer
AMC 5,9-Liter-V8 mit 180 PS getestet. Der
LM 001 war zwar der erste Geländewagen,
der bei Lamborghini entworfen wurde, letztlich
aber nur ein leicht modifizierter Cheetah mit
all seinen strukturellen Nachteilen.

Modell	LM 001
Baujahr	1981
Stückzahl	1
Motor	im Heck eingebauter AMC (USA) V8 (ebenfalls getestet mit Lamborghini 4754-cm³-V12-Maschine)
Bohrung/Kolbenhub	n.a.
Verdichtung	n.a.
Hubraum	5900 cm³
Leistung	180 PS bei 4000 min⁻¹
Getriebe	3-Gang Automatik (Typ Chrysler A727)
Bauweise	Rohrrahmenchassis
Radaufhängung	Einzelradaufhängung, Torsionsstäbe
Bremsen	Belüftete Scheiben rundum
Reifen	Mix aus Goodyear- und Michelin-Geländereifen 14/16 LT
Radstand	2950 mm
Spurweite v/h	1615/1615 mm
Leergewicht	2100 kg
Höchstgeschw.	160 bis 180 km/h (je nach Triebwerk)

LM 001 mit Lamborghini V12-Motor. Er unterscheidet sich von der Version mit AMC-V8-Maschine
durch zusätzliche Luftschlitze zwischen den Scheinwerfern und hinter den Türen

LMA 002 und LM 003 (1982)

Dann wurde kuriert, was Tester beim Cheetah und LM 001 bemängelten. Zunächst die viel zu schwergängige Lenkung, resultierend aus den immensen Reifen mit ihren weichen Flanken, dann die Tendenz zu unkontrolliertem Übersteuern bei schneller Kurvenfahrt wegen des Heckmotors, der direkt auf der Hinterachse saß. Dafür gab es eine probate Medizin, nämlich den Motor am anderen Fahrzeugende einzubauen. Alfieri setzte also den Motor nach vorne und schuf damit mehr Innenraum, implantierte eine Servolenkung, ließ andere Reifen aufziehen, überarbeitete die Achsgeometrie, konstruierte eine neue Chassis-Struktur und sogar eine Satelliten-Navigation. Alfieri übernahm mit Ausnahme des Motors nichts aus dem LM 001 und schuf ein völlig neues Auto, den LMA von 1982. Das A steht für anteriore (= vorne), ein Verweis auf den Frontmotor. Um den LMA potentiellen Armeen in Nordafrika und vor allem dem Nahen Osten präsentieren zu können, musste er zugelassen werden, bekam deshalb eine Chassisnummer und mutierte so zum Lamborghini LMA 002. Als

Modell	LMA 002
Baujahr	1982
Stückzahl	1
Motor	60 Grad-V12-Frontmotor mit Alublock
Bohrung/Kolbenhub	85,5/69 mm
Verdichtung	9,2:1
Hubraum	4754 cm^3
Leistung	332 PS bei 6000 min^{-1}
Getriebe	5-Gang
Bauweise	Rohrrahmenchassis
Radaufhängung	Einzelradaufhängung, Torsionsstäbe
Bremsen	Belüftete Scheiben rundum
Reifen	Goodyear 14/16 LP
Radstand	3000 mm
Spurweite v/h	1615/1615 mm
Leergewicht	2600 kg
Höchstgeschw.	188 km/h

LM 003 fungierte derselbe Prototyp, aber mit einem neuen Antriebsaggregat, ein Sechszylinder-Turbodiesel von VM mit 3590 cm^3 und einer Leistung von 150 PS bei 4200 min^{-1}, verbunden mit einem ZF-Fünfgang-Getriebe mit Reduktion. Der Motor erwies sich für den 2,6-Tonner als zu schwach.

LMA mit Faltverdeck

LM 004/7000
(1983)

1983 kam der LM 004/7000 als wahrer Prototyp für den Lamborghini-Geländewagen, wie er in Sant'Agata produziert werden sollte. Alfieri baute einen neuen Motor in das Chassis ein, das bereits als LMA und LM 003 fungierte: einen Siebenliter-V12 mit 420 PS – nicht etwa eine Neukonstruktion, sondern ein überarbeiteter Bootsmotor aus der Sparte *Motori Marini* mit Alu-Block und -Zylinderköpfen, vier oben liegenden Nockenwellen und sechs Weber-Vergasern. Nun wog der Geländewagen knapp drei Tonnen, Chassis und Radaufhängungen mussten dem Gewicht angepasst werden. Lamborghini verwandte vorne zwar innenbelüftete Scheibenbremsen, hinten aber nur Trommeln. Das Interieur wurde komplett neu gestaltet. Statt militärisch-simpel orientierte es sich am Countach: Ledersitze, attraktives Armaturenbrett, Klimaanlage, Soundsystem sowie Kühlbox und fließend Kaltwasser zwischen den hinteren Fauteuils. Damit änderte der Offroader seinen Charakter: Zielgruppe war nun nicht mehr das Militär, sondern der reiche Emir. Im Zuge der Erpro-

Modell	LM 004/7000
Baujahr	1983
Stückzahl	1
Motor	60 Grad-V12-Frontmotor mit Alublock
Bohrung/Kolbenhub	n.a.
Verdichtung	n.a.
Hubraum	7000 cm³
Leistung	420 PS bei 4500 min⁻¹
Getriebe	5-Gang plus Reduktionsgetriebe
Bauweise	Rohrrahmenchassis
Radaufhängung	Einzelradaufhängung, Torsionsstäbe
Bremsen	vorne belüftete Scheiben, hinten Trommeln
Reifen	Pirelli Scorpion 325-75/VR17
Radstand	3000 mm
Spurweite v/h	1615/1615 mm
Leergewicht	2600 kg
Höchstgeschw.	206 km/h

bung stellte sich heraus, dass der LM 004/7000 nun nicht mehr untermotorisiert war (wie mit dem VM-Diesel), sondern zu sehr vor Kraft strotzte, zudem erwies sich der Siebenliter-Block selbst für das stabile Chassis als zu schwer. Also entschied sich Alfieri für die Countach-Maschine, auch wenn das hervorragende Drehmoment des Siebenliters (600 Nm bei 3500 min⁻¹) damit aufgegeben werden musste. 1985 wurde der LM 004 also mit dem Fünfliter-V12 aus dem Countach getestet und die Produktion vorbereitet.

Lamborghini LM004/7000

LM 002
(1985 bis 1992)

Modell	LM 002
Baujahr	1986 bis 1992
Stückzahl	301
Motor	60 Grad-V12-Frontmotor mit Alublock
Bohrung/Kolbenhub	85,5/75 mm
Verdichtung	9,5:1
Hubraum	5167 cm³
Leistung	450 PS bei 6800 min⁻¹
Getriebe	5-Gang plus Reduktionsgetriebe
Bauweise	Rohrrahmenchassis aus genietetem Aluminium
Radaufhängung	Einzelradaufhängung, Torsionsstäbe
Bremsen	vorne belüftete Scheiben, hinten Trommeln
Reifen	Pirelli Scorpion 325-65/VR17
Radstand	3000 mm
Spurweite v/h	1615/1615 mm
Leergewicht	2700 kg
Höchstgeschw.	210 km/h

Als Serienfahrzeug debütierte der LM 002 auf dem Brüsseler Salon 1985, vom letzten Prototyp unterschied er sich durch den Motor mit Vierventilzylinderköpfen aus dem Countach QV. Die Aluminiumkarosserien wurden im spanischen Bilbao gebaut. Die lange Wartezeit seit dem ersten Cheetah 1977 und das Wissen um den stärksten, teuersten und exklusivsten Geländewagen aller Zeiten führten zu einem Run. Die Reichsten der Reichen wollten einen Lamborghini-Offroader haben. Als erster wurde König Hassan von Marokko auserwählt, den zweiten bekam Formel 1-Pilot Keke Rosberg. Herrschaften dieses Kalibers orderten den LM 002 in allen möglichen Varianten: vom Standard-Modell über schwer gepanzert, getunt, voll mit Extras und unterschiedlicher Heckgestaltung. Die meisten LM 002 hatten Gewehrhalterungen und viele Antennen. Ein Kunde orderte eine gewichtsreduzierte Version für die Rallye Paris-Dakar. Die US-Autozeitschrift Car & Driver untertitelte ihren Test im Oktober 1987: »Sell your Testarossa, Clyde. There's a new status symbol in town«. Der LM 002 war für Lamborghini ein Feuerwerk und spülte viel Geld in die Kasse. Das Werk wollte ihm zu einer Sportkarriere verhelfen und engagierte dafür Sandro Munari. Der mehrmalige Rallye-Weltmeister entlockte dem Monster bis zu 600 PS, magerte es um eine halbe Tonne ab und verpasste ihm 600-Liter-Tanks und ein verstärktes Chassis. Als Rallyewagen reüssierte der Edel-Offroader aber nicht. Der LM 002 entwickelte sich bald zu einem Flop. Nach der Anfangs-Euphorie stellte sich heraus, dass der Käuferkreis klein ist, Qualitätsprobleme wurden offenbar. Unter Chrysler-Ägide forcierte Lamborghini den Verkauf nicht. Nach nur zwölf Exemplaren im Jahre 1992 musste der LM 002 abtreten. Die letzten 60 Exemplare mit Chromstoßstangen, feinerem Interieur und speziellen Alufelgen von OZ hießen LM/American.

Lamborghini LM 002